LINGUAGGIO DEL CORPO

Il Manuale Più Completo Per Interpretare e
Controllare le Parole Senza Voce

FEDERICO BARBERIS

SOMMARIO

PREMESSA

Caro lettore, cara lettrice, se hai preso tra le mani questo libro significa che ti incuriosisce quella che possiamo definire la più antica forma di comunicazione: il "**linguaggio del corpo**".

Questa guida non garantisce la formula magica per conquistare la persona che ti piace o ottenere il posto di lavoro dei tuoi sogni, ma posso assicurarti che le prossime pagine ti faranno sorridere e riflettere, prestare più attenzione al tuo riflesso nello specchio e, cosa fondamentale, scoprirai di essere diventato/a più bravo/a ad osservare meglio chi ti sta di fronte in un determinato momento.

Imparare a **riconoscere** e **interpretare** il linguaggio del corpo ti darà per prima cosa maggiore **sicurezza** in te stesso/a, e la possibilità di capire come è meglio atteggiarsi in una determinata situazione.

Partiremo da lontano, da quando gli studiosi sono diventati consapevoli dell'importanza dei nostri gesti ed atteggiamenti, spesso **involontari** e inconsci, che ci permettono di comunicare tra noi a un livello che non crederemmo possibile (e di cui spesso nemmeno ci rendiamo conto). Vedremo poi quali sono gli elementi principali da

osservare, come si differenziano e cosa comunicano i gesti di un uomo rispetto a quelli di una donna, imparerai come fare una buona impressione - magari durante un colloquio di lavoro - e vedremo addirittura come **smascherare chi mente**!

Verso la fine di questo libro, prima di salutarci, ti mostrerò **tre utili esercizi** per mettere in pratica quanto analizzeremo nelle prossime pagine. Vedremo infine quanto è importante, per comprendere appieno i messaggi dati dalla comunicazione non verbale, il tuo **spazio** e quello di chi ti sta intorno, analizzando la **prossemica** del corpo umano.

Buona lettura.

COS'È IL LINGUAGGIO DEL CORPO

Detto anche linguaggio non verbale, quello del corpo è un metodo di comunicazione raffinato che ci portiamo appresso sin dall'antichità, da prima che **sviluppassimo** un **linguaggio verbale**. Tutti noi, quotidianamente, utilizziamo gli elementi fondamentali che compongono il linguaggio del corpo spesso e volentieri senza rendercene conto.

Per chi sa dove guardare, l'aspetto migliore del linguaggio non verbale è che esso è istintivo, **inconscio** e difficilmente **controllabile**: capita che le nostre parole esprimano un concetto, ma la nostra **postura** ed **espressioni** rivelino tutt'altro. D'altro canto, le persone che conoscono gli elementi di questo linguaggio possono arrivare ad essere in grado di **manipolare** l'interlocutore tramite gesti ed espressioni accuratamente controllati.

È proprio questo il motivo che alcuni importanti studiosi, tra i quali a suo tempo **Charles Darwin**, hanno iniziato ad interessarsi e osservare attentamente il comportamento e le espressioni del viso umano di fronte alle più svariate circostanze.

Il primo importante trattato scientifico in materia di comunicazione non verbale, dal titolo "*The expression of the emotions in Man and Animals*", fu pubblicato proprio da Darwin nel 1872. In quest'opera, l'antropologo naturalista evidenziava come le espressioni su visi umani o animali vengano sia acquisite dopo specifici **apprendimenti**, che manifestate in maniera del tutto innata in determinate circostanze.

Qualche anno dopo, alle teorie di Darwin si aggiunsero quelle di un altro antropologo, l'americano Ray Louis Birdwhistell[1].

Birdwhistell sosteneva che il linguaggio del corpo, così come le altre forme di comunicazione, possa vantare una sorta di **dizionario** dove ritrovare elementi in comune per tutti gli individui, tra cui il modo in cui si muove il capo per dire sì o no, il sorridere per esprimere felicità, il digrignare dei denti in espressioni minacciose in caso di rabbia.

I gesti sopraelencati possono essere considerati parte di un **codice comportamentale** molto antico, ricco di tantissimi altri gesti che facciamo inconsapevolmente mentre parliamo con un interlocutore, che sia esso familiare o meno. Durante la lettura imparerai proprio quanto è importante **prestare attenzione** ed osservare le espressioni del viso, in particolare, ma anche il modo di porsi, la posizione dei piedi e la stretta di mano. Vedrai che inizierai a riflettere ed **osservarti** più spesso allo specchio ed alla fine **scoprirai** qualcosa in **più** su di te e su chi ti circonda.

Lo psicologo statunitense **Albert Mehrabian**[2], agli inizi del secolo scorso affermava che ben il 65% di quello che diciamo è espresso dai movimenti del corpo. Pensa, ad esempio, che

---

[1] Ray Louis Birdwhistell è stato un antropologo statunitense. Pioniere nel campo della comunicazione non verbale, si è occupato in modo specifico dei movimenti e ha creato la cinesica, una metodologia che si occupa degli aspetti comunicativi appresi ed eseguiti attraverso i movimenti del corpo.

[2] Albert Mehrabian è uno psicologo statunitense di origine armena, attualmente docente presso la UCLA, è famoso per le sue pubblicazioni sull'importanza degli elementi non verbali nella comunicazione faccia a faccia

il solo viso può assumere fino a **250.000 espressioni** (delle quali parleremo più avanti).

Nel 1998 un altro psicologo americano, **Paul Ekman**[3], riprende gli studi fatti più di cento anni prima da Darwin e afferma che, essendoci emozioni facilmente riconoscibili dalla stessa mimica facciale quali rabbia, tristezza, felicità, disgusto etc, comuni ad ogni individuo indipendentemente da dove viva e in quale cultura sia cresciuto, è possibile capire se le stesse siano genuine o meno.

Essere a conoscenza degli elementi della comunicazione non verbale può tornarti utile in occasioni come il **colloquio di lavoro**, che tu sia l'intervistatore o l'intervistato: ti consente di capire se il tuo interlocutore è interessato o meno, se è impaziente, spazientito, nervoso etc.

A tal proposito introdurremo ora tre elementi: Tempo, Asimmetria e Collocazione.

Così di punto in bianco probabilmente non ti diranno nulla, perciò analizziamoli singolarmente:

- **Tempo:** secondo la teoria di Ekman, le espressioni spontanee e sincere durano un **decimo di secondo**, mentre quelle costruite hanno una durata maggiore, in genere di pochi secondi, che sono sufficienti per capire se si tratti di una reazione artefatta. In questo caso il soggetto ha pensato prima di reagire e ha mostrato una reazione non in linea con il suo pensiero istintivo. In poche parole: sta mentendo.

---

[3] Paul Ekman (Washington, 15 febbraio 1934) è uno psicologo statunitense. È divenuto, grazie alle sue ricerche scientifiche, pioniere nel riconoscere le emozioni enfatizzando le espressioni facciali.

- **Asimmetria**: quando si prova un'emozione, qualsiasi essa sia, tutto il volto è coinvolto nel **manifestarla**. A volte però solo una parte del viso manifesta in modo evidente cosa si sta provando–perché il soggetto sta cercando di trattenersi o mostrare volontariamente qualcosa–dando così luogo ad un'espressione innaturale.

- **Collocazione**: è necessario **contestualizzare** le parole pronunciate e i gesti che le accompagnano. Mettiamo il caso che un amico ti stia raccontando un episodio lieto: se ha provato veramente gioia, le sue parole saranno accompagnate contemporaneamente da espressioni di felicità come il sorriso. Se invece non ha provato davvero ciò che esprime con la voce, il suo corpo compirà delle azioni prima o dopo aver pronunciato le parole.

Saper interpretare i **segnali non verbali** ti offre anche la possibilità di conoscerti meglio negli atteggiamenti che adotti e di rapportarti meglio con gli altri.

Dovrai abituarti a prestare molta attenzione a cinque elementi fondamentali: **occhi**, **viso**, **testa**, **postura** e **mani**.

I 5 INDICATORI FONDAMENTALI
Occhi, viso, testa, postura e mani

Occhi
Siamo in grado di riconoscere qualcuno dai suoi occhi

Si dice che siano lo **specchio dell'anima**: sono la prima forma di interazione tra due persone, che stabiliscono un contatto visivo già a 30, 40 metri di distanza, per identificarsi o accertarsi delle intenzioni altrui.

Se il tuo interlocutore prova interesse per te e ciò che dici, avrà lo sguardo fisso su di te e le pupille più o meno dilatate.

Durante una conversazione, presta attenzione a questi atteggiamenti:

- Se noti che il tuo interlocutore tende a volgere il suo **sguardo a destra**, avrà una tendenza a mentire;

- Se lo sguarda tende **verso il basso**, il tuo interlocutore è intimidito e/o cerca di nascondere la propria espressione;

- Se il tuo interlocutore tende a **guardare verso sinistra**, vuol dire che sta attingendo dalla memoria al ricordo di informazioni relative a fatti realmente vissuti;

- Occhi che puntano **verso l'alto**, o davanti a sé, denotano invece sicurezza e certezza delle proprie azioni.

Gli occhi hanno molto da raccontare:

- Se è l'interlocutore a parlare, e nel mentre mantiene un **contatto visivo** fisso e quasi **insistente**, probabilmente ti sta mentendo. A causa della leggenda metropolitana secondo cui un bugiardo distoglie lo sguardo, penserà di dimostrare onestà: in realtà, sebbene chi stia mentendo possa avere timore a incrociare gli occhi dell'interlocutore, è normale farsi distrarre da qualcosa o volontariamente concentrarsi su altro (ad esempio una foto che si sta mostrando o qualcosa che teniamo in mano) mentre si parla faccia a faccia;

- **Spalancare** gli occhi denota **stupore**, gradimento ed interesse;

- **Alzare** gli occhi al cielo vuol dire **rassegnarsi** o disperarsi davanti ad una situazione;

- **Sfregarsi** gli occhi indica comunemente **noia**, desiderio di dormire, ma se fatto subito dopo aver detto qualcosa può significare che si tratta di una **bugia**;

- **Dilatare** le pupille può assumere significati diversi, quali **paura**, **eccitazione**, **desiderio**, a seconda della situazione che si sta vivendo.

Anche le sopracciglia e le ciglia comunicano:

- Alzare le sopracciglia indica un **saluto amichevole** se il gesto si compie in un lasso di tempo brevissimo, se invece le sopracciglia restano sollevate più a lungo denotano **perplessità**, **paura** e **sorpresa**. Se, mentre incroci lo sguardo di qualcuno per la prima volta in assoluto, questi alza le sopracciglia per un attimo, denota un interesse nei tuoi confronti (solitamente di attrazione);

- Sbattere le ciglia ripetutamente può significare agitazione, eccitazione, o il tentativo di nascondere una **bugia**. Se lo fai tu mentre ascolti un altro soggetto, vuol dire che la conversazione non ti piace.

Viso

Il volto è il teatro dell'uomo. Lì è il più nudo e il più mascherato
Roger Judrin

Saper leggere un volto ti aiuterà, nella vita di tutti i giorni, a relazionarti meglio con chi ti circonda ed evitare situazioni **sgradevoli**. Saprai come comportarti al meglio, ad esempio, sul luogo di lavoro o durante un appuntamento galante: devi solo imparare ad osservare attentamente il volto di colui o colei che parla con te.

Il volto ha tre tipi di segnali: **statici,** a **variazione lenta** e **rapidi**. I segnali statici e a variazione lenta comprendono l'aspetto fisico della persona, quelli rapidi le espressioni del volto.

I segnali **statici** sono quelli che **non variano** nel tempo: il colore della pelle, i lineamenti e la forma del viso.

I segnali a **variazione** lenta sono i cambiamenti naturali che avvengono nel **tempo**, come la comparsa delle rughe e la perdita di tono muscolare.

I segnali **rapidi** sono movimenti quasi **impercettibili** ad un occhio non allenato, che durano poche frazioni di secondo. Sono quelli che rilevano le vere emozioni di una persona.

Tutti questi segnali vanno tuttavia osservati nell'insieme, in quanto un cambiamento rapido può essere influenzato dai segnali statici ed a variazione lenta. A questo va aggiunta l'individuazione dei segnali emblematici e **rivelatori** di un'emozione (sorriso, smorfia, contrazione etc.), che non sono sempre facili da interpretare e possono causare **fraintendimenti**.

Ricapitolando: quando osservi un viso, fai attenzione ai suoi **movimenti rapidi**. Inizia a far caso se, quando parli con qualcuno, questo ti guarda negli occhi per tutto il tempo e cerca di stabilire un contatto per poter a sua volta controbattere.

Testa
Si può trasmettere un intero discorso solo inclinando la testa

Ti sarà ormai chiaro che nello studio della comunicazione non verbale il volto assume un ruolo fondamentale nell'interpretazione di alcuni segnali. Il viso però è parte integrante di un altro elemento importante: la **testa**.

Quando parli con qualcuno non sono solo gli occhi ed il volto a compiere delle azioni: anche i movimenti **repentini** della testa ti dicono qualcosa.

Alcuni sono talmente evidenti ed innati che sono ben noti e ampiamente usati: pensa al semplice movimento che fai per annuire o per negare qualcosa.

Nel caso della testa scoprirai che:

- La testa **inclinata** verso il basso esprime **negatività**;

- Se è inclinata **da un lato** indica che il tuo interlocutore è ben **attento** a ciò che dici;

- La testa china con lo sguardo **rivolto a terra** può indicare vergogna, imbarazzo o timidezza.

Ora prova ad associare quanto appena detto alle espressioni del volto di cui abbiamo parlato nel paragrafo precedente, e ti renderai conto di come il corpo, rispetto alle parole che si pronunciano, non è in grado di **mentire** se non appositamente addestrato - e anche in quel caso, è possibile trarlo in **inganno** per far cadere la maschera.

Postura
Una postura "chiusa" non lascia ben sperare per una discussione

Analizziamo ora un elemento che all'apparenza può sembrare secondario, ma che invece dice molto: la postura.

Il modo in cui si presenta chi hai di fronte dice molto del suo modo di essere e di quello che sta provando. Una persona che si presenti con le spalle curve starà provando dolore, nervosismo, ansia e simili, se invece si presenta con le spalle ben dritte, sta mostrando di essere sicura di sé.

Molta importanza nello studio della postura è data anche alla **posizione delle gambe**.

Vediamo cosa ci comunica con le gambe una persona che sta in piedi:

- Se l'interlocutore ti si posiziona **davanti**, stando con le gambe ben dritte, il suo atteggiamento nei tuoi confronti si può definire **neutro**, non sa ancora se restare o andarsene. Questa postura è usata in particolare dalle donne;

- Stare in piedi con le gambe **divaricate** comunica una certa **sicurezza**, ed è una postura utilizzata soprattutto dagli uomini per segnalare che si ritengono l'elemento predominante nella stanza;

- Tenere un piede **in avanti** durante una conversazione indica un atteggiamento all'**attivo**. La punta del piede può essere rivolta verso la persona del gruppo che interessa di più, o in alternativa, se si è a disagio, verso la via di fuga più vicina;

- Incrociare le gambe stando in piedi indica un atteggiamento di **chiusura** ed **insicurezza**, e più in generale è un avvertimento per gli altri a non avvicinarsi troppo e rimanere fuori dalla "sfera intima", l'area che possiamo circoscrivere allargando le braccia;

Secondo la posizione delle gambe mentre si è seduti si può capire lo **stato d'animo** dell'interlocutore e come è predisposto verso di te:

- Generalmente, tenere le gambe **incrociate** denota una certa **tranquillità**. Se oltre alle gambe però sono incrociate anche le braccia, si sta indicando un certo livello di **stress** dovuto a sensazioni di chiusura, timore, o semplice noia;

- Anche **incrociare** le **caviglie** denota sicurezza di sé nella situazione del momento: non è una posizione volta alla fuga e lascia l'individuo "scoperto" se non incrocia le braccia;

- Se la persona **incrocia le gambe** e tiene quella sollevata ben stretta, ti sta dicendo che non vuole **cedere** e che ciò che dici non è abbastanza convincente;

- Se intreccia gambe e mani in **contemporanea**, ti sta dicendo che è **nervoso** e si sente a disagio, e ha eretto una "**barriera**" che renderebbe futile qualsiasi ragionamento, anche se in apparenza il busto ed il viso possono sembrarti rilassati;

- Per ultimo, osserva con molta attenzione i **piedi**. Sia da seduti che da alzati indicano sempre le reali intenzioni del nostro interlocutore, soprattutto la direzione della punta. Se la vedi rivolta verso la **via di fuga** più vicina, interrompi la conversazione e mostrati amichevole. Un piede che **dondola** denota che ci si sta **annoiando**, sbattere i piedi denota invece nervosismo ed impazienza (pensa ad un bambino quando fa i capricci).

Mani
Le mani sono dei simboli e talvolta delle rivelazioni - Eve Belisle

Ci sono gesti che possono sembrare comuni che dicono molto sul **carattere** di una persona.

- Parlare **gesticolando** con le mani aperte indica che si ha di fronte una persona **onesta** e propensa a conoscere l'altra e indica una certa socievolezza;

- Non stringere l'altra mano in maniera **eccessivamente forte**;

- Evita di **strattonare** la mano dell'altro, daresti l'impressione di essere o autoritario o **impacciato**;

- Non dare la mano solo con **le punte delle dita**, potresti comunicare **poca autostima** o poca fiducia nell'altro.

Infine, un altro gesto delle mani da non sottovalutare è lo "**sfregamento**", che il più delle volte è un gesto deliberato e indica contentezza. Farlo velocemente trasmette un messaggio positivo, farlo lentamente può farti sembrare un cattivo di James Bond che ha appena pianificato l'ultima **malefatta**.

RICONOSCERE LE EMOZIONI

Di seguito analizzeremo le principali emozioni che si manifestano sul volto: **rabbia**, **paura**, **tristezza**, **felicità**, **sorpresa** e **disgusto**.

La Rabbia

Rabbia e paura sono tra le più forti emozioni **negative** che possa provare un individuo. La rabbia è in grado di mettere in allerta tutto il corpo, e si manifesta in maniera evidente. Quando si è molto arrabbiati, tutto il corpo si **irrigidisce**. La testa tende a farsi in avanti, il volto arrossisce a causa dell'aumento della pressione sanguigna, la mascella si contrae, talvolta si scoprono i denti, e le mani tremano o si chiudono a pugno quando–e se–ci si trattiene dal rompere qualcosa.

Lo stato di rabbia ha una **durata** variabile. A volte un individuo è in grado di calmarsi subito e non mostra reazioni più eccessive di un semplice **tic**.

Come si fa quindi a capire se una persona è davvero arrabbiata? Bisogna osservare la **mimica del volto**. Se una persona è davvero arrabbiata noterai che le **sopracciglia** saranno abbassate con gli angoli interni ravvicinati, la fronte corrugata, le palpebre saranno tese e gli occhi duri e fissi; noterai inoltre che le labbra saranno serrate oppure semiaperte a mostrare i denti.

La Paura

La paura è una sensazione molto forte volta a mettere in **guardia** da un pericolo imminente, prossimo o probabile.

Le **espressioni** del **volto** che descrivono la paura, in alcuni casi, si possono confondere con quelle della sorpresa, perché in caso di pericolo o imprevisto **improvvisi** spesso le due sensazioni vengono provate **insieme**.

Analizziamo quindi le principali differenze tra la paura e la sorpresa:

- **Prima differenza**: quando provi paura la sensazione è sempre **sgradevole**, anche quando non c'è un vero e proprio pericolo e il "cervello da lucertola" ha solo preso un abbaglio, perciò le espressioni assunte dal volto e la postura assunta dal corpo indicano sempre disagio;

- **Seconda differenza**: la paura rappresenta un forte **stress** per tutto il corpo, si palesa su di esso in modo evidente e per un tempo prolungato. Il colorito diventa più **pallido**, il respiro si accorcia, la sudorazione aumenta, il battito cardiaco accelera ed in alcuni casi si può persino svenire o avere attacchi di panico. La sorpresa invece fa arrossire, aumenta il battito, ma irrigidisce il corpo per meno tempo e in misura minore.

Così come avviene per la rabbia, tutti gli **elementi** del volto sono coinvolti quando provi paura. Di soliti gli occhi sono spalancati, con la palpebra superiore sollevata e quella inferiore contratta, le sopracciglia appaiono ravvicinate ma sollevate e la bocca si distende all'indietro.

Se il movimento degli occhi non è accompagnato subito da quello della bocca, vuol dire che la paura che si prova è **reale** anche se moderata. Dall'espressione degli **occhi** e dall'apertura della **bocca**, seguita spesso da urla di terrore, si può capire quanto sia grande la paura. Inoltre, devi sapere che spesso la paura si mischia anche ad altre emozioni diverse dalla sorpresa, per questo è necessario **saperle riconoscere** tutte.

La Tristezza

La tristezza è uno stato d'animo che Ekman definisce "**passivo**", che accompagna l'individuo a volte per ore o giorni interi, spesso associato ad una perdita o ad una forte **delusione**.

Anche la tristezza si legge sul **volto**: i segni evidenti sono un colorito pallido, la bocca e gli occhi di solito rivolti verso il basso, la perdita di tono muscolare e massa grassa.

Attenzione, però, a distinguere la **tristezza** dal **dolore**. Il dolore in psicologia è considerato un sentimento **attivo**, poiché causa grida, pianti, lamenti, e disperazione in generale. Quando il dolore diminuisce, rimane - o per meglio dire compare - la **tristezza**. Per essa non c'è una durata predefinita, può essere breve o perdurante a seconda dell'**importanza** dell'evento che l'ha causata.

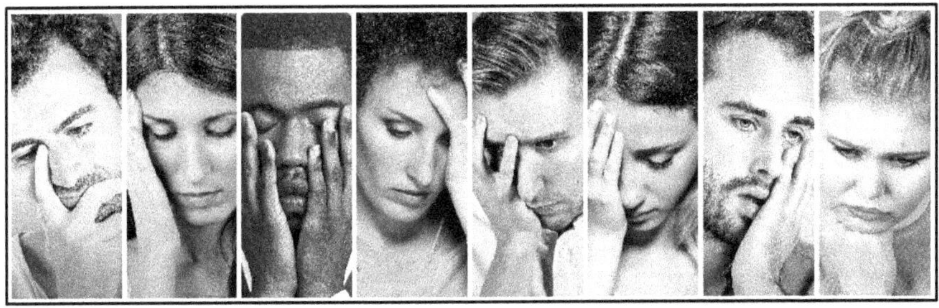

Seppur la tristezza può leggersi in viso non è sempre facile **individuarla**, in quanto non sempre è possibile coglierne i segni meno evidenti, e quelli più evidenti come il colorito e la perdita di massa possono essere nascosti. Presta attenzione:

- Alle **sopracciglia**, i cui angoli interni risultano sollevati e ravvicinati, rivolti verso il basso;

- Agli occhi rivolti verso il **basso**, nello sguardo triste anche le palpebre inferiori sembrano abbassarsi;

- Alla **bocca**, che può essere rivolta in giù, oppure con le labbra tremanti che denotano l'imminente **pianto**.

La Felicità

La felicità è senza dubbio un'emozione **positiva** ed è facile riconoscerla sul volto.

Quando una persona è felice solitamente **sorride** in modo più o meno intenso, dal semplice dischiudere delle labbra, ad un accenno di sorriso o ad un sorriso pieno che mostri i denti. Gli zigomi si sollevano e gli occhi si assottigliano.

Gli **occhi** sono importanti: puoi capire da essi se un sorriso è **vero** o **falso**. Se rimangono immutati, statici, ben aperti, probabilmente non è un sorriso sincero. Un volto sorridente che mantenga gli occhi ben aperti però può anche denotare eccitazione e aspettativa, e bisogna fare affidamento alla **postura** della persona per determinarne l'atteggiamento. Se è chiusa, esitante, sta **fingendo** e nascondendo qualcosa.

La felicità può mescolarsi anche ad altre emozioni, persino alla paura, e formare la preoccupazione.

La Sorpresa

La sorpresa è un'emozione molto **intensa**, ma di breve durata e facilmente confondibile con la felicità, la paura o il disgusto, a seconda che sia una bella o una brutta **sorpresa**.

Scoprire una sorpresa "**pura**" sul volto è difficile. Un volto sorpreso presenta:

- **Sopracciglia** alzate ed incurvate che provocano rughe orizzontali sulla fronte;

- Occhi **sgranati** e spalancati;

- **Mascella** rilassata e **cadente**, con le arcate dentali separate, la **bocca** è più o meno **aperta** a seconda dell'intensità della sorpresa.

La sorpresa può essere interrogativa, da" Dici sul serio?": in questo caso la bocca non è spalancata, e sono interessati solo gli **occhi**.

La sorpresa può essere **incredula**, quando presenta occhi spalancati, bocca aperta e sopracciglia ferme. Di solita è seguita da richiesta di maggiori informazioni.

La sorpresa può essere anche "**inebetita**" o sarcastica, e vedere coinvolti la bocca e le sopracciglia.

Il Disgusto

Il disgusto è un'altra forte emozione che si palesa in modo chiaro sul volto, esprime un **rifiuto** verso qualcuno o qualcosa e può **accompagnarsi** a qualsiasi altra emozione.

Anche per il disgusto gioca un ruolo fondamentale il **tempo**: se si manifesta per brevi secondi è più probabile che sia **genuino**.

Provare disgusto coinvolge il **naso**, la **bocca** e gli **occhi**. Il volto appare contratto in una **smorfia**, il labbro inferiore si solleva facendo storcere il naso che tende ad arricciarsi, gli occhi si restringono. Nei casi in cui si prova davvero forte disgusto può essere mostrata anche la **lingua**.

LA PRINCIPALE GESTUALITÀ TIPICA DI UOMINI E DONNE

Uomini e donne comunicano attraverso il loro corpo in **maniera diversa**, lanciando dei chiari messaggi non detti. Capire le **sfumature** di questi messaggi può essere utile per approcciarti alla persona che ti piace, o più in generale per vivere meglio anche sul luogo di lavoro. Ora che hai imparato ad interpretare i principali segnali che compongono la comunicazione non verbale del volto, addentriamoci più da vicino alla scoperta della gestualità di **uomini** e **donne**.

La gestualità può essere di due tipi:

- **conscia** (la stretta di mano);

- **inconscia** (toccarsi i capelli, giocare con una penna).

Uomini e donne usano costantemente la gestualità inconscia per comunicare tra loro, che siano in due o in mezzo ad una folla. I gesti più usati sono il **toccarsi i capelli**, il **gesticolare** e l'**uso dello sguardo**.

Toccarsi i capelli

I capelli sono **importanti** sia per gli uomini che per le donne. Queste ultime in particolare li usano insieme alla postura per comunicare **chiusura** o **interesse**.

Se, mentre parla con un uomo, la donna tende a spostare i capelli da un lato, sta mostrando il volto e lo sta incorniciando per focalizzare l'attenzione dell'uomo su di esso e sulle proprie mani.

Per un uomo toccarsi i capelli o la barba è un chiaro segnale di interesse verso la donna che sta parlando con lui, ed è allo stesso tempo una richiesta di ricambio di **attenzioni**. I capelli folti e lucenti indicano una costituzione sana, e la barba è simbolo di virilità, perciò l'uomo cerca di focalizzare l'attenzione della donna su di essi e mostrare come tiene entrambi curati.

Gesti con le mani

I gesti con le mani, come detto, denotano **sicurezza di sé** e il trovarsi a proprio agio. Gesticolare eccessivamente può mettere a disagio l'interlocutore, perciò sia uomini che donne non ancora in stretta **confidenza** controllano i propri gesti sia durante un dialogo a tu per tu che mentre ci si nota a vicenda per la prima volta. Avere davanti qualcuno che sa muovere le mani senza **impaccio** denota tranquillità e **stabilità**, dà l'impressione che sia una persona **matura** e sicura di sé, e lascia una **buona** impressione.

Le donne tendono a tenere le mani più vicine a sé e a fare piccoli gesti, e una volta deciso il proprio interesse per un uomo - col quale, chiaramente, si sentono a proprio **agio** -

cercheranno di toccarlo, in genere sulle braccia, e in particolare nella zona dei bicipiti. Man mano che il livello di confidenza cresce, andranno verso le **spalle** e gli **avambracci**. Potrebbero cercare di sistemare il nodo della cravatta, i bottoni della giacca, gli occhiali, la frangia, "togliere i granelli di polvere" da capelli e vestiti.

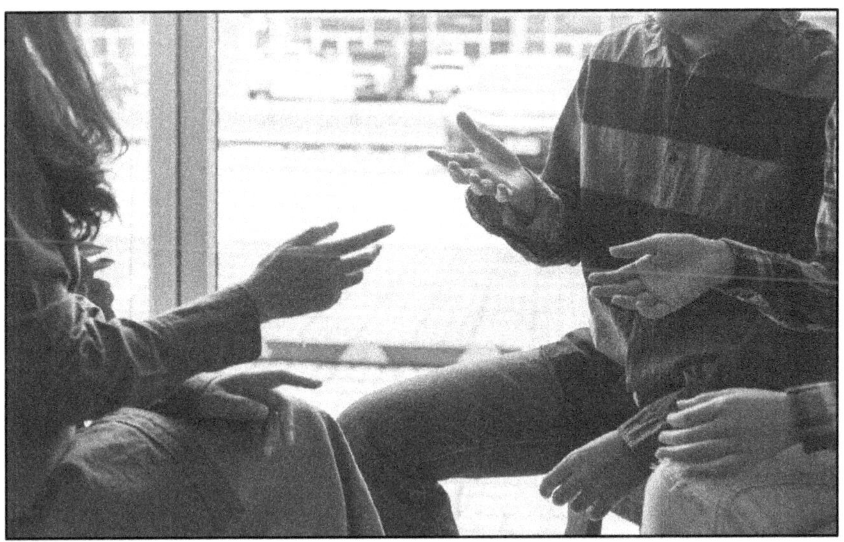

Gli uomini tendono a fare gesti più **evidenti** e ad estendere le braccia. Prendono in mano oggetti, li spostano, cercano di avvicinarsi alla donna. Gesti troppo marcati o veloci e "l'incombere" nello spazio personale però possono essere considerati aggressivi, perciò gli uomini tendono a mettere le **mani in tasca** tenendo fuori i pollici, sia nelle tasche davanti che dietro, a flettere la braccia, e a portare le mani dietro la nuca lasciando l'intero corpo scoperto per mostrare alla donna un atteggiamento **amichevole**, tranquillo e, soprattutto, sicuro di sé. La donna è così libera di **avvicinarsi** e iniziare un primo contatto fisico tramite gli atteggiamenti precedentemente illustrati, perciò un uomo che volesse incoraggiarla, avendo già un qualche livello di confidenza, potrebbe volontariamente lasciare qualche **dettaglio** da sistemare - accertandosi però di non apparire trasandato.

Sostenere lo sguardo

Uno sguardo **fisso** sull'altro è segno di attenzione e di interesse per quanto si sta ascoltando. Se l'altra persona comincia ad **osservare** i dettagli del volto di chi ha davanti sta mostrando un interesse personale, soprattutto se si concentra sulla bocca.

Lo sguardo parla molto a seconda di come si muovono gli **occhi**:

1. Occhi che guardino in alto a destra indicano che si sta **inventando qualcosa**, e quindi mentendo (Visivo costruito);

2. Occhi che guardino in alto a sinistra indicano che si sta **ricordando** qualcosa già visto (Visivo ricordato);

3. Occhi che si muovano in basso a sinistra indicano che si sta **riflettendo** oppure **escogitando** qualcosa (Auditivo digitale);

4. Occhi che guardino costantemente in basso a destra indicano un **rievocamento** di sentimenti (Cinestetico);

5. Sguardo fisso verso destra indica che si sta tentando di costruire un **suono mai sentito** (Auditivo costruito);

6. Sguardo verso sinistra indica che si sta cercando di rievocare un **suono già sentito** (Auditivo ricordato).

Ai segnali dello sguardo devi associare quelli della **postura**. Vi sono quelli che indicano **chiusura** e che l'interlocutore è sulla difensiva, come **incrociare** le **gambe** da seduti e portarle sotto alla sedia, incrociare le braccia e tenerle con le mani, frapporre un oggetto tra chi parla e chi ascolta.

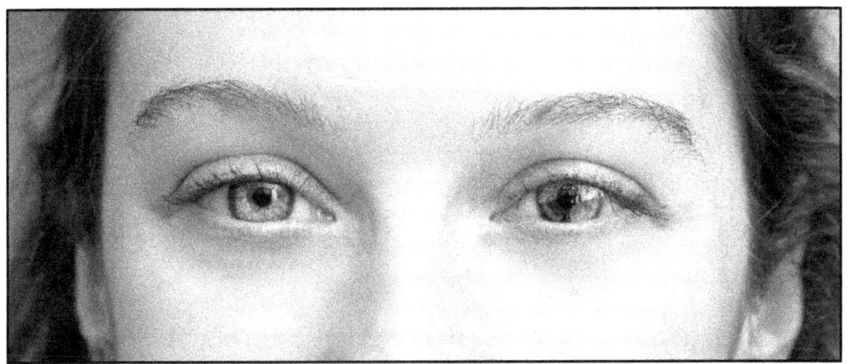

Se, ad esempio, una donna posa la propria borsa tra lei e l'uomo con cui sta parlando, potrebbe essere sia un **segno** di chiusura che di apertura: se la borsa è tenuta vicina a sé, funge da **scudo** (e come potenziale arma impropria), se è più vicina all'uomo è segno di fiducia.

IL LINGUAGGIO DEL CORPO IN AMBITO LAVORATIVO

In ambito lavorativo sono particolarmente importanti le **mani** e la **postura**. Abbiamo visto che una buona stretta di mano racconta molto di una persona e può influenzare l'intera presentazione di sé.

La stretta di mano data ad un collega oppure ad un superiore non deve essere né troppo lunga né troppo corta, ben salda. Ricorda che una **stretta molle** o solo con la punta delle dita denota **passività** e **insicurezza**. Una stretta di mano "sudata" denota **nervosismo**, prendere tutte e **due** le **mani** fa trasparire una certa **intimità** ed è meglio evitarlo se non si hanno legami particolarmente stretti con i colleghi.

In ambito lavorativo cerca di assumere una **postura** con **schiena dritta** e **testa ferma**. Sii pronto a scattare in piedi, magari tenendo una mano sul ginocchio e sedendoti quasi sul bordo della sedia, ma senza volgerti verso le **vie d'uscita** (prova addirittura a dare loro le spalle). Darai l'impressione di essere sveglio e **preparato**, pronto ad intervenire e influenzare gli avvenimenti.

Come fare per apparire competenti

Per dimostrare il tuo valore in ambito lavorativo è opportuno che sembri **competente**. Come? Semplice, **occupa più spazio**! Da seduto, non incrociare le braccia (che sono segno di **chiusura** e atteggiamento sulla difensiva), accavalla le gambe oppure tienile **ben salde** sul pavimento. Prova anche a tenerne una piegata, poggiando l'intero piede, e una più distesa, poggiando solamente il tallone, e **volgi** le **punte** e tutta la tua postura verso la **persona** più **importante** nella stanza. Se dovresti essere tu, tienile dritte e volgiti verso il centro della stanza, o verso il gruppo a cui stai **parlando**. Per esprimere una **sicurezza rilassata**, appoggiati completamente allo **schienale**. Per mostrarne una più attiva, mantieni la schiena sollevata. Cerca di non **muoverti troppo** e di non **gesticolare**: può aiutarti tenere in mano una penna.

Se sei in piedi, mantieni una **postura dritta**, il **mento** un po' **sollevato** (non scoprire troppo il collo). Puoi tenere le gambe dritte a larghezza spalle, oppure, se vuoi trasmettere un'immagine più **rilassata, appoggiarti** di più **su una delle due** mantenendo sempre la schiena dritta.

Mantieni il **contatto visivo** con il tuo interlocutore, se necessario usa un tocco appropriato e pieno di tatto, non **forzare** troppo il **sorriso**. Meglio non **ostentare** eccessiva **calma** e tanto meno **annuire sempre**, soprattutto se non sei d'accordo, potrebbe essere considerato **negativamente**.

Usa il metodo dello specchio. Se parli con un superiore cerca di "copiare" il suo **atteggiamento** come se ti vedessi allo specchio, ma attento a non esagerare per non apparire irrispettoso, come con la stretta di mano.

Ricordati di **osservare** i **piedi**: se sono rivolti verso l'esterno il dialogo si interromperà a breve. Cerca di capire se è a causa del tuo atteggiamento, o se l'interlocutore è semplicemente **stanco**. In caso, assumi una **postura** più **amichevole**, distendi i muscoli del viso, e se l'interlocutore è stanco, chiudi in fretta il discorso dicendo come sia il caso di concludere. Offri di incontrarsi di nuovo per risolvere eventuali dettagli, scherza sui mille impegni delle persone, offri un ultimo **complimento**.

Per **ottenere** più facilmente la **fiducia** di qualcuno, e predisporlo ad avere un atteggiamento positivo nei nostri confronti, è utile chiedere un **piccolo favore**: se, per cortesia, può passarti la matita, o un fazzoletto, o aiutarti a raccogliere qualcosa da terra.

Come trattare con un potenziale cliente

Quando hai a che fare con un **nuovo potenziale cliente**, la prima cosa da osservare sono sempre i suoi **gesti**.

Mantieni il **contatto visivo**, se noti che abbassa lo sguardo e si distrae, potrebbe non essere più interessato, se invece lo **sguardo** rimane **costante** su di te vuol dire che l'**affare è fatto**.

Tieni a mente che un'**inclinazione della testa verso di te** durante la conversazione denota un **sicuro interesse** da parte del tuo cliente, o di un superiore nel caso di un colloquio.

Occhio ai **moviment**i quasi impercettibili del corpo, se chi parla con te è interessato all'affare che stai proponendo, noterai che si sporgerà in avanti (se è seduto di fronte a te) o si avvicinerà se sta in piedi.

Ci sono poi altri segnali da contestualizzare in ufficio se ti capita un cliente interessato. Nota se durante la conversazione il cliente si **tocca il mento** con pollice ed indice, questo gesto esprime **riflessione**, vuol dire che sta trovando **valida** la tua **proposta**.

Un altro segnale di buon esito dell'affare può essere dato dall'improvviso **rilassamento** del tuo interlocutore, è un segno che si percepisce all'istante, il corpo lo esprime immediatamente.

Come capire cosa aspettarti da una riunione in ufficio

Sul luogo di lavoro può capitare di dover affrontare delle **riunioni** con colleghi o superiori, per **discutere** magari di nuove **strategie** di **vendita** o, perché no, di una promozione.

Molte volte in questi casi si è soliti sedersi ad un tavolo: il punto del tavolo in cui ti siedi tu rispetto al capo e l'assegnamento dei **posti** può **determinare** persino l'**andamento** della riunione.

In una riunione, **sedersi di fronte** ad un **collega** può voler dire essere in **competizione**. Se la riunione si svolge intorno ad un tavolo rettangolare o quadrato e ti capita di sederti con altri colleghi agli angoli in modo **casuale**, vuol dire che siete un **buon gruppo** e cercate vicinanza.

Sedersi fianco a fianco determina volontà a collaborare, ma in ogni riunione il **leader** assume sempre una posizione dominante, e pertanto si **siederà** sempre e comunque **ad uno dei lati** del tavolo. In caso di tavolo rettangolare, dal lato corto che rappresenta il **capotavola**.

Nel caso dovessi trovarti **faccia a faccia** con il **capo**, osserva anche gli oggetti presenti nel suo ufficio: una foto sulla scrivania, una targa, una raccolta di libri. Possono determinare un **interesse** specifico su cui poter fare **leva**, magari per **rompere il ghiaccio** e sciogliere l'**imbarazzo**.

COME SMASCHERARE UN BUGIARDO

Dice un detto che "**per essere un buon bugiardo, bisogna avere una buona memoria**", ma laddove le parole possono raccontare una bugia, il **corpo** ti saprà dire la **verità**. Prima di andare avanti e capire come riconoscere un bugiardo, è opportuno **interrogarci** sui **motivi** che possono spingere una persona a mentire. Solitamente una persona tende a mentire per le seguenti **ragioni**:

- È caratterialmente **insicura**;

- Desidera **coprire** un **errore** e mascherare qualcosa, magari per non mettere a **rischio** la posizione lavorativa;

- Vuole **ottenere qualcosa**;

- Cerca di **attirare l'attenzione**.

Una menzogna può essere scoperta anche attraverso il semplice **linguaggio verbale**: troverai il racconto di chi ti sta mentendo **incongruente**, proverà ad eludere l'argomento e cambiare discorso, **sviare domande**, usando un tono di voce troppo alto o troppo basso.

Come trovare i punti di riferimento per scoprire una bugia

Il **punto di riferimento** è l'**atteggiamento** che assume una **persona** in una **determinata situazione**. Va da sé che è più facile capire se una persona a te vicina sta mentendo, e che molto dipende dalla **personalità** di ognuno: ad esempio, una persona **ansiosa** o nervosa in una conversazione potrà **mostrare segnali** (ad esempio mordersi il labbro, grattarsi la testa) che ti faranno **pensare** che **stia mentendo**, anche se in realtà è il suo **normale atteggiamento**.

Definiamo i punti di riferimento

Inizia con il parlare di **argomenti neutri**, è un buon modo per iniziare ad osservare i segnali lanciati dal corpo. Se parli con una persona che conosci poco, hai la possibilità di metterla a suo agio.

Osserva le **caratteristiche fisiche** e fai attenzione a:

- I **gesti** delle **mani**;

- Il **livello** di **agitazione**;

- La **postura da seduto**;

- Le **espressioni** del **volto** e quanto sono evidenti;

- Se **sbatte spesso** le **palpebre**.

Ora passa ad osservare il **linguaggio verbale** e nota se:

- **Ride** facilmente;

- **Tossisce tra una parola e l'altra**;

- Fa **pause silenziose** mentre parla;

- Ha il **tono di voce alto** o **basso**.

Man mano che il dialogo prosegue **approfondisci** con **domande specifiche** su alcuni argomenti. Puoi parlare, ad esempio, della prossima partita della sua squadra preferita, e osserva come si destreggia con il linguaggio verbale.

Tieni presente che non esiste una **prova chiara** che la persona stia dicendo una bugia, ma è molto **probabile** che ciò avvenga se durante un discorso, noterai delle **incongruenze** nel linguaggio verbale.

Anche in questo caso è utile precisare che bisogna sempre **contestualizzare** il **momento**. Considera ad esempio che si può essere **nervosi** anche quando si sta affrontando un **colloquio di lavoro** e ciò non vuol dire che si stia mentendo.

Ora vediamo di fare un **esempio pratico**: sei sul luogo di lavoro. Da un po' di tempo, sospetti che un tuo collega stia mentendo o nascondendo qualcosa su una questione di tuo interesse. Approfitta di una pausa caffè, mentre siete davanti alla macchinetta, fagli qualche **domanda neutra** ad esempio sui programmi per il fine settimana o sulla serata. **Dovrebbe** risponderti con un **tono** di voce **medio**, apparire rilassato, si schiarisce la voce ogni tanto. Ti dimostra di essere tranquillo e *assume il suo consueto atteggiamento nei tuoi confronti*. Potrebbe mostrarsi un po' più **nervoso** del solito, se è consapevole che sta **facendo** qualcosa di **sbagliato** che ha **conseguenze per te**.

Continua facendogli qualche domanda più dettagliata su un argomento più personale. In questo caso, vedrai che si animerà di più, il **tono di voce** sarà più **entusiasta** o **arrabbiato**. *Ora sai come reagisce davanti ad un argomento che lo appassiona.*

È arrivato il momento di passare all'argomento che ti interessa. Diciamo che avrebbe dovuto iniziare un lavoro che tu devi concludere, ma tu sai che non l'ha ancora fatto e ti sta causando un ritardo: prova a chiedergli a che punto è. A questo punto dovrebbe mantenere un **atteggiamento neutro**, potresti notare un **cambio** di **tono** nella voce, ed un improvviso **irrigidimento** della **parte superiore** del **corpo**, segno che l'argomento lo **mette a disagio**.

Continua a parlare dell'argomento, chiedigli **dettagli sulla** sua **bugia**. Qui il suo **atteggiamento** dovrebbe ancora una volta **mutare**, noterai un immediato irrigidimento della parte superiore del corpo. Da questo momento in poi, vedrai che cercherà di schiarirsi di più la voce, si **gratterà dietro al collo**, ti sembrerà più **agitato**. Sono chiari segnali che denotano che sta cercando di **mentire**.

Fai attenzione ad alcuni elementi

Quando non hai abbastanza **confidenza** .con qualcuno per capire facilmente se stia mentendo, ricorda di **osservare** con attenzione il suo **volto**, gli **occhi** e le **mani**.

Il **volto tradisce** le emozioni in frazioni di secondo, pertanto se perdurano, di solito non corrispondono al vero.

Guardare a **destra** indica che si sta cercando di **inventare** qualcosa, a **sinistra** che si sta cercando di **ricordare**, fissare la persona è indice di attenzione e fiducia, ma un buon **bugiardo** usa questi **gesti** a **suo favore**.

Le mani di un bugiardo tenderanno inconsciamente a toccare la sua bocca oppure a grattare una guancia o il collo o l'attaccatura del naso, perché **inconsciamente** sta cercando di **nascondere** il **volto**. Mettere le **mani** in **tasca** può esprimere la necessità di **celare movimenti nervosi** e, sempre inconsciamente, di **nascondersi** per sottrarsi al **confronto**.

Altri elementi che puoi considerare **campanelli di allarme** sono da ricercarsi nell'**inclinazione del busto** (come detto, il bugiardo tende sempre a farsi indietro per sottrarsi al confronto) nella posizione dei piedi (tendenzialmente rivolti verso la via di fuga più vicina).

Certamente non è facile **riconoscere** ed **interpretare** da subito questi segnali, ma con il tempo, riconoscere le bugie può essere davvero **molto utile**.

COMPRENDERE LE EMOZIONI

Smascherare un **bugiardo** è solo **una** delle cose che puoi scoprire **studiando** il **linguaggio del corpo**.

Ci sono, come abbiamo anticipato nel capitolo due, una serie di emozioni come la **felicità**, la **paura**, la **tristezza**, la **rabbia**, il **disgusto**, che il corpo manifesta fisicamente a volte ancora **prima di usare la voce** per **comunicarle** verbalmente. In questo capitolo approfondiremo come capire le emozioni.

Partiamo dal presupposto che, come ha dimostrato uno studio condotto in Finlandia su 700 persone, le emozioni sono universali: tanto che i ricercatori sono riusciti a creare una **"Mappa universale delle Emozioni"** capace di evidenziare le zone del corpo maggiormente interessate, che sono uguali per ogni essere umano indipendentemente dalla provenienza e dalla cultura.

Considera poi che ognuno di noi ha una **personalità differente** e soprattutto un **temperamento** differente. Fin dall'antica Grecia sono stati individuati quattro tipi di temperamento diverso: conoscerli ti aiuterà a comprendere le emozioni.

I quattro tipi di temperamento

- **Sanguigno**: è l'indole di una persona **attiva**, **allegra**, **vivace**, piena di voglia di **vivere**. La vedi camminare in modo **disinvolto** e sicuro, **parla** in modo **vivace** e caldo e solitamente dà molto peso ai sentimenti;

- **Collerico**: la persona collerica sembra sempre pronta ad **esplodere**, lo noterai dalla **muscolatura** del volto

tesa. Avrà le labbra tirate, parlerà a voce alta ed in modo conciso;

- **Malinconico**: la persona malinconica è quella che in un gruppo tende sempre a stare in **disparte**, sembra avere sempre la **testa** tra le **nuvole**. Ha il colorito pallido, un'espressione triste e **cammina** in modo lento e **trascinato**;

- **Flemmatico**: il tipo flemmatico è solitamente lento e **sbadato**, anche nei movimenti e nel parlare, sempre calmo al punto da sembrare **indifferente**.

I quattro temperamenti si mischiano all'**indole** e alla personalità di ognuno per creare l'individuo, e **determinano** il nostro **modo** di **parlare**: vivace, cauto, scontroso, distratto, risentito, interessato, animato, articolato etc.

Un'altra cosa importante è la **contestualizzazione** del **momento** e del **luogo** in cui un'**emozione** si verifica: ad esempio, una persona malinconica può essere felice nel ricevere un mazzo di fiori mentre è in ufficio, ma il suo volto può comunicare al contempo imbarazzo e indecisione.

Per questo è importante osservare la mimica

La **mimica** comprende **viso**, **postura** e **mani**. Usata in modo corretto, può nascondere nervosismo e paura e concederti disinvoltura.

A seconda della persona che ti trovi di fronte la mimica può essere:

- **Positiva**: la persona accompagna le sue parole con un sorriso e sembra **rilassata** ed amichevole, cercando di mettere l'**interlocutore** a suo agio;

- **Negativa**: la **persona** appare **distaccata** e scettica, ha il naso arricciato ed il labbro che sporge in fuori, e richiede un cambiamento nell'approccio.

Una **mimica positiva** trasmette **emozioni positive**: persino se parli al telefono, sorridere cambia il tono della voce e questo viene percepito.

COME TRASMETTERE IL GIUSTO MESSAGGIO
e fare una buona impressione

Uno dei **motivi** per cui si comincia a studiare il linguaggio del corpo sta nel desiderio di **fare** una **buona impressione**.

Nel capitolo precedente abbiamo approfondito alcuni aspetti delle emozioni: vediamo ora come **trasmettere** il **giusto messaggio** per fare una buona impressione.

La "giusta" stretta di mano

È opportuno ribadire l'importanza della stretta di mano: è il primo **contatto fisico** che si può avere quando si incontra per la prima volta una persona. Dalla stretta di mano che dai e ricevi puoi già **trasmettere** e **recepire** una **buona** o una **cattiva impressione**, che inevitabilmente influenzerà l'opinione della persona.

Per fare una buona impressione è necessario "**dosare**" la stretta di mano: non deve essere né **troppo energica** (incrinare le ossa dell'altro non è un buon inizio) **né** tanto meno **troppo debole** (è indice di scarsa fiducia in se stessi). Evita in ogni maniera possibile di avere le mani sudate.

Tieni il corpo rilassato e la voce tranquilla

È meno facile da controllare rispetto alla stretta di mano, ma tramite la **regolazione** del **respiro** puoi riuscire a mostrare uno stato **tranquillo**. Modera anche il tono di voce: un **tono** troppo **alto** può denotare euforia **fuori luogo** o un atteggiamento aggressivo, di contro, un **tono** di voce **a malapena udibile** può farti passare come persona **impacciata** e debole.

Guarda negli occhi e sorridi

Se ti presenti davanti a qualcuno di tuo interesse accompagnando la stretta di mano con un bel **sorriso** (non **eccessivamente tirato** e senza mostrare **troppi denti**) e guardandolo dritto negli occhi, farai in modo di **stemperare** subito la possibile **tensione iniziale**. Cerca però di non **fissarlo** troppo **insistentemente**, o lo metterai a disagio e penserà che tu abbia qualcosa che non va.

Rispetta le distanze

Quando incontri qualcuno per la prima volta, devi "**invadere**" gradualmente il suo **spazio personale**. Il ruolo di quest'ultimo è molto importante, il suo studio si definisce **prossemica** e la analizzeremo più avanti.

Avvicinarsi troppo ad una persona che non conosci può rappresentare motivo di **imbarazzo** e metterla sulla difensiva, **restarle** molto **lontano** potrebbe indurla a pensare che nutri **diffidenza** nei suoi confronti. *Come fare, quindi?*

Bisogna **sciogliere** la **tensione** mentre ti avvicini: saluta, fai domande generiche o un **complimento**, mantieni una **postura aperta**. In questo modo riuscirai a mettere a suo agio il tuo interlocutore e potrai gradualmente **accorciare** la **distanza** per stringergli la mano senza travolgerlo impetuosamente.

Sii gentile e approfitta dei silenzi

Quando stai conoscendo una nuova persona non lesinare **gesti gentili** nei suoi confronti, ti farà sembrare **affidabile**. Approfitta dei silenzi per mettere in pratica ciò che hai imparato sulla comunicazione non verbale. **Ascolta** attivamente, con un **atteggiamento interessato** e la giusta **mimica positiva** (senza strafare): ti sentirai partecipe della situazione altrui e **trasmetterai maggiore fiducia**.

IL RAPPORTO TRA PAROLA E GESTUALITÀ

Il linguaggio del corpo molto spesso **rivela** quello che realmente si **desidera dire** o si sta **provando**. Attraverso di esso comunichiamo le nostre emozioni e rispondiamo ai gesti degli altri.

Il **rapporto** tra **parola** e **gestualità** deve essere congruente e **logico** per il nostro **inconscio**, altrimenti ci accorgiamo che qualcosa non va e iniziamo a sospettare, più o meno consapevolmente, che ci stiano **mentendo**.

Il linguaggio del corpo viene usato da tutti, costantemente, per **enfatizzare** un **argomento**, **arricchire** la nostra **conversazione**, o **completare** quello che stiamo **comunicando**. Un esempio tipico è quando chiediamo o diamo indicazioni per strada: in questi casi usiamo **parola** e **gesti** per farci capire.

Ci sono gesti divenuti comuni in molti paesi che hanno sostituito le parole, ad esempio il segno **ok**, il segno **V di vittoria**, solitamente tutti gesti positivi con i quali comunichiamo senza parlare.

Tuttavia, parola e gestualità sono legate sin dalla notte dei tempi. Lo scienziato **Adam Kendon**[4] nel 1986 definì la gestualità come *"un insieme di azioni visibili che i riceventi percepiscono come governate da un intento comunicativo"*. In sostanza, i **gesti** hanno una **stretta**

---

[4]   Adam Kendon è uno scienziato inglese, noto per i suoi studi sul linguaggio dei gesti e su come essi influiscono sulla lingua parlata.

correlazione con una **frase pronunciata** o con almeno parte di essa.

È molto interessante il punto di vista di un altro studioso, lo psicologo **David McNeill**, il quale suddivide i gesti in tre categorie:

1. **Iconici**: gesti che **descrivono** ciò che si sta **dicendo**;

2. **Metaforici**: gesti che esprimono **concetti astratti**;

3. **Batonici**: gesti quasi **impercettibili** che non si associano alla parola.

Secondo McNeill, gesto e parola sono collegati per **quattro ragioni principali**:

- I gesti **seguono il parlato**;

- Parola e gestualità spesso sono **sincronizzate**;

- Il gesto **scompare con il parlato**;

- Il gesto si **evolve con la parola** quando si è **bambini**.

Un piccolo approfondimento

Molti studiosi ancora oggi si dedicano al rapporto tra parola e gestualità. Tra questi, lo psicologo **Bernard Rimé** ha condotto uno studio con il quale ha dimostrato ancora una volta come **il movimento anticipi e accompagni la parola.**

I soggetti studiati da Rimé erano stati **immobilizzati**: il loro linguaggio parlato si era ridotto diventando più povero, e certe volte faticavano a pronunciare alcune parole comuni, dicendo che "ce l'avevano sulla punta della lingua", la loro pronuncia era più debole e scorretta. **Dimostrò anche come il numero di gesti variasse in base all'argomento di conversazione.**

È interessante anche osservare un altro studio condotto dagli psicologi **Krauss** e **Morsella** presso la Columbia University di New York: hanno dimostrato come i **gesti fatti durante il discorso siano correlati ad avere una parlata più fluente e colorita.** Parlare di un oggetto porta subito a rappresentare lo stesso con il corpo: se si sta descrivendo un paesaggio pianeggiante, si farà un movimento a raggiera per far intendere la grandezza del luogo.

Il **rapporto** tra parola e gestualità è **diretto**: il solo **rievocare** il nome o l'**immagine** di un oggetto **attraverso** la **memoria** innesca un'**espressione corporea** o un **gesto** che, insieme alla parola, lo **rappresenta** nella **mente** della persona.

LA COMPRENSIONE INCONSCIA DEL LINGUAGGIO DEL CORPO

Per comprendere appieno il significato dei gesti è opportuno fare un passo avanti e volgere lo sguardo su alcuni **gesti, in apparenza** (e solo in apparenza, ovvero in assenza di specifici motivi) **privi di significato.**

Massaggiare gli occhi

Se durante la conversazione la persona che hai di fronte si massaggia l'**angolo dell'occhio destro** non ha capito ciò che dici perché si è **distratta.** Se si massaggia l'occhio **sinistro,** ti sta dicendo che non **comprende** ciò che stai dicendo.

Il prurito

Sei in un bar con un nuovo collega, state parlando tranquillamente. Ad un certo punto, mentre stai raccontando una cosa che avviene in ufficio, noti che il tuo collega inizia ad **avvertire prurito** ed a **grattarsi.** Ebbene (se si escludono

cause sintomatiche come una malattia della pelle o una puntura di insetto), nel 99% dei casi grattarsi vuol dire **provare fastidio** per una **situazione**. La necessità di grattarsi è una reazione suggerita dalla mente per **sciogliere** la **tensione**.

A seconda del punto interessato dal prurito puoi scoprire quanto è teso il tuo interlocutore:

- **Grattarsi** sul **viso** indica una **media tensione**;

- Avere **prurito** al **naso** indica **massima tensione** ed anche che si sta per **mentire**;

- **Grattarsi** il **mento** indica una **leggera tensione**, ma anche che sta riflettendo su una questione;

- Avere **prurito** al **collo** indica che si è **molto tesi**;

- **Grattarsi** sulla **gamba** indica uno **stato** di **lieve tensione**.

I segnali negativi

Il prurito non è l'unico **segnale negativo** espresso inconsciamente quando tu o la persona con cui parli vi trovate in una **situazione sgradevole**. Vediamo alcuni **segnali negativi** o di **rifiuto**:

- **Incrociare** le **mani sulla testa** denota solitamente **impazienza**;

- **Nascondere** le **mani sotto al tavolo** durante una conversazione indica **timore** per la **reazione** altrui;

- Da **seduti**, tenere le **mani sulle cosce** indica **sottomissione**;

- **Incrociare** le **caviglie sotto la sedia** è sinonimo di **frustrazione**;

- **Fissare** la **punta** delle **scarpe** o volgere lo sguardo fisso a terra indica che si è **tristi** o **depressi**;

- **Nascondere** la **bocca** con le mani mentre si ride indica che si è indecisi o in **imbarazzo** per la propria risata;

- **Grattarsi** la **punta del naso** con la punta dell'indice vuol dire che si è **incompetenti** sull'argomento di conversazione (**da farci attenzione durante un colloquio di lavoro**);

- **Appoggiare** gli **occhiali** sulla **punta** del **naso** e guardare da giù in su la persona con cui parli denota **disprezzo**.

Fino ad ora non le abbiamo menzionate, ma un **ruolo importante** nel linguaggio non verbale è assunto, soprattutto quando si sta seduti, anche dalle **spalle**. Ci sono **tre posizioni** da tenere d'occhio:

- **Spalle più avanti rispetto al bacino accompagnate da mani poggiate sulle gambe:** denota desiderio di andarsene ed **insicurezza**. Indica che si sta vivendo un forte **stress** durante la conversazione, di conseguenza si corre il rischio di **non essere ascoltati** correttamente;

- **Spalle perpendicolari al bacino:** indica che noi o il nostro interlocutore stiamo **prestando attenzione** a quanto comunicato con la voce;

- **Spalle poggiate alla sedia:** può denotare un **carattere altezzoso**, elevata tranquillità, o semplicemente la **volontà** di **stare comodi**. In quest'ultimo caso, il busto e lo sguardo sono rivolti verso l'interlocutore in segno di **attenzione**.

COME INTERPRETARE LA GESTUALITÀ IN AMORE

La prima cosa da fare se si ha davanti una **persona** che ci **interessa** è **rispettare** i suoi **spazi** e la sua **sfera intima**.

Come detto, **avvicinarsi repentinamente** alle persone le **mette sulla difensiva**, invadere la loro **bolla personale** le rende **indisponenti**, e **gesticolare** troppo **animatamente** quando non si ha confidenza può essere **aggressivo**, sia per le donne che per gli uomini. È meglio **avvicinarsi gradualmente**, con gesti controllati, **postura amichevole** ma non completamente aperta, e **badare** ai **segnali** che l'interlocutore ci mostra.

La gestualità in amore della donna: segnali positivi

È la **donna** che **inizia il corteggiamento** nella maggior parte dei casi, tramite sguardo, postura e gesti.

• **postura**: una donna che provi interesse per un uomo avrà una **postura amichevole**, e man mano che acquisisce confidenza e stabilisce che l'uomo potrebbe essere un buon partner, la farà **diventare aperta**. Le **gambe** in genere rimangono **accavallate** o incrociate, ma **mostrerà** maggiormente il **fianco** e si **sporgerà** col **torso** verso l'uomo, per **evidenziare** le curve dei **fianchi** e del **seno**. Una volta **catturata** del tutto l'**attenzione**, **mostrerà** i tipici **segni** della **postura aperta**, come le punte dei piedi rivolte verso l'uomo, le braccia rilassate e la testa inclinata in avanti verso l'interlocutore;

• **capelli e mani**: spostandoli o **attorcigliandoli attira** lo **sguardo** sul movimento, e da lì al volto, al collo, alle spalle e alle mani. Muovendoli da un lato può incorniciare e scoprire il viso, le curve del collo e delle spalle. **Mostrando** le **mani**, in realtà, mostra i polsi: scoprire i polsi è segno di **vulnerabilità** e **subordinazione** (per questo, nella stretta di mano, la persona dominante volta la mano dell'altro verso l'alto) e stuzzica l'istinto protettivo nell'uomo. Come detto, poi, **i capelli folti e puliti indicano buona salute** e igiene e identificano un partner sano e indipendente, perciò farà in modo che l'**interlocutore** li **noti**. Le **mani** servono a dirigere l'attenzione, a fare **gesti delicati** e leggeri, e aiutano i capelli nell'incorniciare il viso per metterlo in mostra, incrociando le dita sotto il mento;

• **Testa e occhi**: all'inizio, se interessata, la **donna** può **inclinare** la **testa** per lanciare all'uomo **sguardi dal basso**, sempre per trasmettere **segnali** di **vulnerabilità**. In seguito, la può inclinare di lato e leggermente all'indietro per scoprire il collo e muovere i capelli. Il classico **segnale** degli **occhi**, invece, è la **dilatazione** delle **pupille** e l'**abbassamento della palpebra superiore**, che simula la reazione al **piacere sessuale**. Tramite i loro **movimenti**, poi, l'uomo può capire se è **interessata** al **discorso**, a **disagio**, sul punto di mentire, annoiata eccetera, così come visto nei capitoli precedenti;

• **Bocca**: tramite il **sorriso** la donna può trasmettere **incoraggiamento** e **genuino interessamento. Mordendosi** il **labbro**, facendo un leggero broncio o tamburellando le dita sulle labbra **attira l'attenzione** sulla propria bocca.

La gestualità in amore della donna: segnali negativi

Se la **donna gesticola** in maniera **esagerata** e parla con un **tono** eccessivamente **alto**, potrebbe non c'entrare il linguaggio del corpo. È una **strategia** di **difesa** sviluppata socialmente per **allontanare** l'uomo se la donna è **spaventata** o molto a **disagio**, perché il comportamento non solo contrasta con tutti i segnali positivi del corteggiamento rivolto all'uomo dalla donna, ma **attira l'attenzione** e può far **sembrare** la donna "**pazza**" o "**sguaiata**", nel tentativo di **infastidire l'uomo** che altrimenti non si **allontanerebbe**.
Per prevenire questa situazione, è meglio imparare a riconoscere gli altri **segnali** del linguaggio del corpo che **chiedono** all'uomo **di allontanarsi**.

• **postura**: **di chiusura. Braccia** incrociate, a meno che non abbia freddo: è buona cosa chiedere. Se la risposta è **no**, è il caso di fare qualche passo indietro. Le **mani** possono stringere le braccia per rafforzare il concetto. Le **gambe** sono raccolte sotto la sedia e incrociate, o se in piedi, sono vicine con le punte dei piedi rivolte verso una via di fuga. Il **torso** è rivolto in una direzione diversa da quella dell'uomo, potrebbe coprire il petto e nascondere il volto con i capelli.

• **mani e tono della voce**: come detto, un **comportamento anomalo** è il segnale **negativo** più chiaro che la donna possa dare. Ma nel caso in cui si tratti ancora di piccoli gesti non verbali, presta attenzione se **nasconde le mani**, ad esempio sotto il tavolo o dietro la borsa, se le tiene in tasca, se continua a **intrecciare** le **dita** o tormentarsi unghie, pellicine, anelli, braccialetti, il palmo della mano e così via.

• **testa**: da associare al **movimento** degli **occhi**. Abbassata con lo sguardo rivolto altrove è segno di **timidezza disinteressata**. Lo sguardo fisso con un'espressione neutra e la testa ben dritta, rivolta verso l'uomo, denota **indifferenza** e una lieve **sfida** (che è meglio **non accettare**);

• **bocca**: il **sorriso** può dire a un uomo se è meglio avvicinarsi oppure no. Come detto, un **sorriso sincero** è accompagnato dal **movimento** di **occhi** e **guance**: se l'espressione della parte superiore del viso non cambia, il sorriso è forzato e di circostanza;

Da ricordare anche la frapposizione degli oggetti, in particolare quelli personali: in genere sono una difesa, soprattutto se usati per nascondere le mani.

La gestualità in amore dell'uomo: segnali positivi

I segnali dell'uomo differiscono da quelli della donna principalmente nella postura: usa perciò soprattutto le spalle e le gambe per mostrare alla donna interessata che le sue avances sono ben accette.

• postura: gambe divaricate, ben piantate se in piedi, rilassate se seduto. Il bacino è rivolto verso la donna, così come il torso, che all'inizio rimane dritto e poi si inclina verso la donna una volta stabilita una confidenza (o anche, se la confidenza non c'è ma l'uomo è ben felice di crearla);

• Testa, viso e occhi: se interessato, l'uomo sostiene lo sguardo fisso, con la testa inclinata in avanti o leggermente voltata di lato per mostrare la mascella, e analizza i lineamenti della donna. Il viso è disteso, gli occhi attenti e le pupille dilatate. Se le sopracciglia sono aggrottate, significa che è intento ad ascoltare e comprendere;

• mani e capelli: se l'uomo si tocca ripetutamente le guance, il mento, le orecchie e le labbra sta mostrando interessamento. Se si accarezza l'avambraccio, trova piacevole la compagnia della donna. Potrebbe tenere le mani nelle tasche davanti, lasciando i pollici fuori, per evidenziare la zona pelvica. Anche per l'uomo i capelli sono importanti: aiutano anche lui a incorniciare il volto, e passandoci le mani cerca sia di attirarvi l'attenzione della donna - che probabilmente noterà di più le mani - sia di sistemarli per farsi bello. Come detto, i **capelli folti** e lucenti **indicano buona salute**, e un uomo interessato cercherà di mostrarli bene.

La gestualità in amore dell'uomo: segnali negativi

È più difficile notare i **segnali negativi** dell'uomo perchè la società è **meno comprensiva** nei confronti degli uomini che si mostrano "**pudici**", perciò tendono a **nasconderli** di più. È bene quindi sapere dove guardare per capire quando è il caso di allontanarsi senza causare ulteriore **disagio**.

• **postura**: braccia incrociate, schiena rigida, **gambe** chiuse e **accavallate** rivolte in **direzione diversa** da quella della **donna**, punte dei piedi rivolte alle vie di fuga, sono tutti segnali di **disinteresse**. Anche l'uomo potrebbe tendere a **nascondere** le **mani**, e a incurvarsi un po' per sembrare più piccolo, "storto" e quindi **meno interessante**.

• **Testa, viso e occhi**: se tiene la **testa** dritta ma **non rivolta verso** la **donna**, se non sostiene lo sguardo e **muove spesso** gli **occhi**, se il **viso** è **contratto** e non sorride e le pupille non sono dilatate, allora sta mostrando **disinteresse**. Potrebbe tenere la **testa inclinata** verso la donna e mantenere un'espressione **neutra**, ma è come il **sorriso di circostanza**;

• **Mani e capelli**: se si **tocca** spesso il **naso**, tiene le **mani lontane** dalla donna e se le tormenta, **non è interessato**. Potrebbe comunque toccarsi i capelli, ma sarebbe più un segnale di **stress**.

I segnali di noia

Oltre ai segnali positivi e negativi ci sono i cosiddetti "**segnali di noia**", piccoli **gesti** all'apparenza insignificanti che comunicano **messaggi di disinteresse**. Alcuni li abbiamo già visti e li riprendiamo:

- **Rispondere con** frasi **brevi**: denota **scarso coinvolgimento** nella conversazione;

- **Controllare spesso il cellulare: impazienza** e voglia di **essere altrove**;

- **Tamburellare con le dita sul tavolo**: indica generalmente **mancanza** di **interesse**, ma potrebbe essere una tecnica per **distrarre** e **confondere** l'interlocutore;

- **Avere le mani in tasca**: capita soprattutto quando si è in piedi, **indica disagio**;

- **Grattarsi involontariamente**: guancia, mento, braccio. Indica **disinteresse** e **noia**.

L'effetto specchio

Un interlocutore interessato a te cercherà di **stabilire** un **maggiore** "contatto" imitando i **tuoi atteggiamenti**, proprio come se fossi uno **specchio**. **Assumerà** quindi la tua **stessa postura** e **imiterà** alcuni dei tuoi **gesti**, fino a creare una vera e propria **sincronia** dei vostri **movimenti**.

COME PASSARE DALLA TEORIA ALLA PRATICA
3 utili esercizi

Lo studio del linguaggio non verbale non si limita solo a lezioni e consigli teorici: è dunque arrivato il momento di passare **dalla teoria alla pratica** e mostrarti tre **utili esercizi**.

Dovrebbe ormai esserti chiaro che c'è differenza tra quello che diciamo con la voce e quello che esprimiamo con il corpo, ma prima di mostrarti gli esercizi devo necessariamente suggerirti di usare sempre **tre punti chiave**:

- **La coerenza**: sincerati che ci sia coerenza tra linguaggio verbale e non verbale. Nel caso le due forme di comunicazione non **coincidano**, fai riferimento alla **comunicazione non verbale**;

- **Il complesso**: tieni presente che un singolo gesto non dice sostanzialmente nulla di una persona, bisogna analizzare l'**insieme dei gesti nel loro complesso**. Grattarsi la punta del naso non sempre indica che si stia mentendo, potrebbe trattarsi di una reazione ad uno stimolo esterno, come l'allergia o un semplice **prurito**;

- **Il contesto**: una persona che compie determinate azioni può far credere di avere un certo tipo di **comportamento**, ma il tutto va **contestualizzato**. Chi per esempio entra in un luogo con la testa bassa e le braccia incrociate non è detto che sia timido o depresso, potrebbe semplicemente essere **infreddolito**!

Un altro consiglio utile è quello di non **fissare** con **insistenza** il tuo interlocutore, che potrebbe sentirsi a **disagio**. All'inizio non è semplice, ma con un po' di esercizio diverrà **automatico** osservare senza fissare.

Considera infine che il linguaggio del corpo nasce dalla **mente**. Gli stati d'animo, specie nei momenti di forte stress, sono espressi dal corpo in forme quasi sempre **visibili**, come avviene quando si prova paura o sorpresa.

Ed ora passiamo alla pratica.

1° Esercizio: Osservati allo specchio

Per fare questo esercizio, prova a sfogliare una rivista e **soffermati** su alcune immagini di persone in **pose** particolari.

Ora davanti ad uno specchio prova ad **imitare** la **posa** o l'espressione che vedi. Questo esercizio ti aiuterà ad **immedesimarti**: pian piano ti renderai conto che inizierai a percepire ciò che probabilmente stava **provando** la persona che hai visto nell'immagine.

Per svolgere ancora meglio l'esercizio, prova a **chiudere** gli **occhi** e a **concentrarti** sull'**immagine** e su ciò che stai provando. Vedrai che riuscirai a capire con esattezza lo stato d'animo della persona nella foto.

2° Esercizio: Osserva l'altro

Per questo esercizio dovrai farti **aiutare** da un amico, un collega, un familiare. Non temere, è molto simile al primo esercizio.

Chiedi alla persona prescelta di sedersi di **fronte** a te, non deve assumere nessuna posa specifica.

Ora chiedile di pensare ad un **episodio** della sua vita che l'abbia resa **particolarmente felice** o **triste**. Non te lo deve raccontare, solo **pensarci**.

A questo punto, inizia ad osservare come **cambia** il **suo corpo** e quindi cosa ti comunica a seconda del tipo di pensiero che sta facendo. **Osserva** le sue espressioni facciali, la postura che assume, e cerca di **imitarle**.

Chiudi gli occhi e lasciati **trasportare** dalle **emozioni** che ti dà ciò che hai appena visto. Ti renderai conto che, a seconda del **pensiero** fatto dalla persona che hai di fronte, ti ritroverai a provare un **sentimento simile** al suo.

3° Esercizio: Osserva l'altro e l'ambiente

Questo esercizio può essere fatto in ufficio, al bar, durante una cena in famiglia, per strada etc.

Guardati intorno. Ti può capitare di vedere un ragazzo che sta in disparte, lo guardi e noti che ha le braccia incrociate. Il primo pensiero è che sia timido, o sulla difensiva. Ma tu sai che devi guardare l'**insieme** che ti offre la comunicazione non verbale e noti che nonostante la posizione delle braccia, il suo **volto** è **rilassato** e ha un'espressione **tranquilla**.

Nonostante una prima **impressione**, l'osservazione **attenta** ti fa intuire che per il ragazzo avere le braccia incrociate in quel momento è un **modo** per **sentirsi rilassato**.

Contestualizzare il luogo in cui leggere la comunicazione non verbale è importante per **evitare errori** di interpretazione. Allo stesso modo è altrettanto importante che impari a **farti delle domande** quando parli con qualcuno. Ad esempio: come si presentano le sue gambe? E le braccia? Che postura ha? Mettiti nei suoi panni.

Nei primi periodi in cui sperimenti la comprensione del linguaggio del corpo sarebbe opportuno che tu avessi un **quaderno** sul quale **appuntare** i vari **atteggiamenti** che noti ed inizi a **distinguere**.

Ti consiglio di annotare anche come comunicava il tuo corpo oltre a quello dell'altro interlocutore. **Focalizza** l'**attenzione** su:

- Occhi;
- Sopracciglia;
- Bocca;
- **Portamento** della **testa**;
- Braccia;

- Mani;
- Busto;
- Gambe;
- Piedi.

Annotare cosa hai visto ti serve ad **analizzare** gli **atteggiamenti** e a **decifrare** le **emozioni**. Per esempio, se mentre parlavi avevi prurito su un braccio ed eri costretto a grattarti, il tuo interlocutore potrebbe essersi **inconsciamente rattristato** pensando di causarti **disagio**.

È un esercizio molto utile, specie se si decide di **studiare seriamente** la comunicazione non verbale. Così facendo, in poco tempo percepire i messaggi dell'altro diventerà più naturale e immediato.

LO SPAZIO PERSONALE: LA PROSSEMICA DEL CORPO UMANO

Più volte abbiamo accennato ad un elemento che ha a che fare con il linguaggio del corpo, ma è **diverso** da tutti quelli fisici con i quali hai imparato a **familiarizzare**.

È lo **spazio personale** (detto anche **sfera intima** e **bolla personale**), un fattore molto importante da tenere in considerazione per **capire** ancora **meglio** chi ti sta di fronte.

C'è una branca della scienza, la **prossemica**, che si occupa di studiare lo spazio personale e le **reazioni del corpo** ad esso **correlate**. È una disciplina **semiologica**, ovvero relativa al campo del linguaggio e dei suoi segni, che studia i **gesti**, i **concetti**, il **comportamento** e le **distanze** all'interno della comunicazione. Conoscerla aiuta a capire l'atteggiamento degli altri e ad **affinare** il proprio.

Possiamo definire lo spazio personale come una sorta di bolla che ci "**protegge**" **dalla vicinanza** degli altri. All'interno di essa accettiamo solo persone che conosciamo **bene**, mentre l'**improvvisa vicinanza** di un estraneo può **infastidirci**, irritarci o addirittura farci sentire **minacciati**.

Come in tutte le cose, anche per lo spazio personale ci sono delle **eccezioni**: durante una visita medica non ci si preoccupa dell'**invasione** della bolla personale, mentre se ad una festa si rimane da soli in un angolo, si inizia a pensare di non essere abbastanza socievoli o interessanti, e inconsciamente si inizia a sperare che qualcuno **invada** la **bolla**.

Gli **studi** condotti in merito alla prossemica hanno individuato ben **quattro aree-distanze** che identificano lo spazio personale di ogni individuo:

- La distanza **intima**;
- La distanza **personale**;
- La distanza **sociale**;
- La distanza **pubblica**;

La distanza intima

Si intende quello spazio che va da **zero** a **meno di mezzo metro** dal corpo. è la tipica distanza accettata tra **familiari, fidanzati, amici stretti**. Quando qualcuno entra nella tua distanza intima, ne percepisci, il **calore**, l'odore della pelle, le variazioni emotive. Nello spazio intimo si è soliti parlare a bassa voce ed evitare di gesticolare. Anche la tensione è ridotta al minimo o assente, perché ci **fidiamo** della persona che lasciamo avvicinare.

Quando capita che una persona "non ammessa" oltrepassi la distinza intima, scatta l'istinto chiamato *Fight or Flight*, **combatti** o **fuggi**. Siccome al giorno d'oggi non è ben visto né saltare addosso a qualcuno, né darsela a gambe di punto in bianco, si tende a **lasciare** che la distanza venga invasa e ad **accumulare** nervosismo e **stress**.

La distanza personale

Per distanza personale si intende la "**bolla**" **vera e propria** di si parlava nel precedente paragrafo, e che in un certo senso appunto ci "**protegge**" dagli altri. Lo spazio personale va dal mezzo metro al metro e venti in tutte le direzioni, e in genere si identifica con l'area compresa tra le **punte** delle **dita** con le **braccia distese**. Confina con la distanza intima ma non intacca quella sociale. Quanto più qualcuno entra nella zona personale **avvicinandosi** a quella intima, tanto più è il grado di **fiducia** con quella persona.

Solitamente la distanza personale è quella che si mantiene con gli **amici**. Nella nostra cultura, la distanza personale che intercorre tra due amici è di circa **settanta centimetri**.

Significa che parliamo con quella persona, scherziamo, ci diamo qualche pacca sulla spalla, ma non **permettiamo** che si **introduca** nello **spazio intimo**.

Nella distanza personale aumentano i **gesti** e gli **sguardi** e il **tono** di **voce** si fa più **alto**. Difficilmente si percepisce l'**odore** naturale ed il **calore** dell'interlocutore.

Se la **distanza** personale viene **ridotta** all'**improvviso**, specie se l'invasione è accompagnata da toni elevati, si percepisce un segnale di **allarme** e di **minaccia**.

Un altro caso in cui viene ridotto lo spazio personale è quando ci si ritrova **seduti** o a **camminare** fianco a fianco a qualcuno con il quale non si hanno legami particolari, ed esempio durante una lezione all'università, ad una riunione di condominio o mentre si attraversa la strada. La persona accanto a noi è **momentaneamente ammessa** nello spazio personale, talvolta persino in quello intimo, senza essere percepita come una minaccia (può causare comunque una certa **irritazione** se **troppo vicina**).

La distanza sociale

Per distanza sociale si intende uno spazio compreso tra **un metro** e **venti** e i **due metri**. È quella in cui ci si trova solitamente con persone **sconosciute**, con le quali si intende mantenere un rapporto **informale**. Un esempio è ancora il trovarsi in uno spazio condiviso di **lavoro**, una riunione o un raduno ordinato.

La distanza pubblica

Per distanza pubblica si intende quello spazio che si trova **oltre i due metri**. A questa distanza non abbiamo **relazioni** dirette con le persone che si trovano attorno a noi, ma gioca un ruolo importante la **temperatura**.

La temperatura percepita **influenza** infatti la **percezione** dello **spazio pubblico**. Immagina di trovarti in una sala piena di gente, ognuna col suo calore corporeo: ad un certo punto ti sembrerà di percepire molto più **calore** del dovuto e che le altre persone siano più vicine. Quanto più fa **caldo**, tanto **meno sopportiamo** la **presenza** delle **altre persone**.

Adesso prova a pensare a come ti comporti quando sali su un **autobus** molto **affollato**. Il corpo reagisce immediatamente facendoti provare una sensazione di calore, poi cerchi in tutti i modi di **evitare** il più possibile il **contatto** con le altre persone **recandoti** nel punto **meno affollato**.

Per approfondire la comprensione della prossemica del corpo umano, è utile sapere che le quattro distanze sopraelencate si **riferiscono** alla comunicazione non verbale tipica della **nostra cultura**.

Secondo l'antropologo **Edward Hall**[5], che si può definire il **padre della prossemica**, è possibile infatti distinguere due culture: la **cultura** del **contatto** e la **cultura** del **non contatto**. La cultura del **contatto** è tipica ad esempio dell'**Arabia**, dove la distanza personale non esiste ed è **favorita** quella **intima**. Nella zona **mediterranea** le **distanze** si **allungano** un po', ma sono comunque un po' più ridotte di quelle dei Paesi più a nord. L'Italia e gli italiani sono famosi per avere **distanze personali** e sociali più **ridotte** di altri Paesi.

La visione prossemica tra uomini e donne

La distanza personale è vista e vissuta in modo **differente** tra **uomini** e **donne**. È stato infatti notato che la bolla che definisce il confine tra una persona e l'altra è "**sferica**" per le **donne** e "**ellittica**" per l'**uomo**.

L'**uomo** tende ad usare la **stessa distanza** personale sia che abbia di fronte una donna che un altro uomo, mentre invece la **donna** tende ad **accorciare** la distanza personale, specie se si tratta di un'altra donna.

Il comportamento differisce ancora nell'**approccio** ad un'**altra persona**. La donna preferisce avvicinare le persone andando loro incontro e **disdegna** chi si **avvicina di lato** (soprattutto se rapidamente), l'uomo invece tende a **porsi di lato**

---

5   Edward Twitchell Hall (Webster Groves, 16 maggio 1914 – Santa Fe, 20 luglio 2009) è stato un antropologo statunitense che si è occupato prevalentemente di prossemica. Ha scritto The hidden dimension nel 1966 (prima edizione Doubleday & Co. Inc., New York), edito in italia dalla casa editrice Bompiani nel 1968, con il titolo La dimensione nascosta. In questo libro introduce alla prossemica, osserva i comportamenti degli animali e delle persone ed elabora questo saggio dove mette in luce tutte le sue deduzioni. Altro suo titolo è Il linguaggio silenzioso. Fonte Wikipedia

nell'accostarsi a qualcuno. La donna preferisce che qualcuno le si **sieda di fronte**, e di solito si **infastidisce** o mostra insofferenza se uno sconosciuto le si siede di **fianco**, mentre per l'**uomo** è il **contrario**.

La prossemica del corpo ed il carattere

La distanza che usiamo per avvicinarci agli altri e per lasciarci avvicinare è influenzata dal **carattere individuale**, dall'**umore** ed anche dalla **posizione** che si occupa nella **scala sociale**.

Se si è felici per una **bella notizia** appena **ricevuta**, si **permette** che all'improvviso le **distanze** con chi si ha intorno **diminuiscano**, lasciandosi anche abbracciare. Quando si è **irritati**, invece, la **vicinanza** di qualcuno ci **infastidisce** anche se si trova oltre la distanza personale. Se qualcuno ci fa **arrabbiare** e abbiamo un carattere abbastanza **estroverso**, si tende ad **invadere** il suo spazio per **metterlo** a **disagio**, e quando non possiamo farlo ci **allontaniamo**.

Se sei una persona **ansiosa**, paradossalmente ti **avvicinerai** ai tuoi **interlocutori** per cercare la loro **approvazione**, e noterai che loro si **allontaneranno** per **riprendersi** la loro **distanza** mentre tu proverai a **riavvicinarti**, finché loro non mostreranno di essere **infastiditi** (e l'**ansia aumenta**…).

Se sei una persona **estroversa** per natura tenderai ad avere una **distanza** personale **più corta**, ti lascerai avvicinare con maggiore disinvoltura e naturalezza, mentre la persona l'introversa ha distanze più lunghe e si allontana.

La prossemica e lo status sociale

Anche il **ruolo ricoperto** nella società **incide** sulla **prossemica** del corpo. Un **superiore** vuole che l'**impiegato mantenga** una certa **distanza** con i suoi sottoposti, ma al contrario si **avvicinerà** nel loro **spazio** personale. Questo accade anche nell'esercito, dove un avvicinamento incauto può anche causare punizioni.

La prossemica ed il contesto

Tutto ciò che abbiamo detto fino ad ora sulla prossemica riguarda, per la maggior parte, **ambienti** che fanno parte della **vita quotidiana** e che **viviamo** prevalentemente **di giorno** (o ad ogni modo in luoghi illuminati).

Se d'improvviso ci si ritrova al **buio** l'**approccio**, soprattutto con la distanza personale, **cambia**. In presenza di poca luce o in assenza totale, a livello **psicologico** si innesca un meccanismo che in automatico **accorcia** le **distanze** accettate. Avviene in **discoteca**, dove le luci basse fanno sì che si balli molto vicini: se improvvisamente le **luci** venissero **accese** si proverebbe un **certo imbarazzo** e si cercherebbe di riprendere la giusta distanza.

Ci sono poi alcune **situazioni eccezionali** come un concerto, una partita alla stadio, una manifestazione in piazza, durante le quali **accettiamo** l'**invasione** dello spazio personale, perché imposta dalle **regole** culturali di **condivisione** in quel determinato **momento**.

Un piccolo approfondimento
Come si capisce se si è andati oltre la giusta distanza?

L'altra persona ci lancerà dei **segnali** che indicano che stiamo **superando** il "**confine**" della sua distanza personale. Per prima cosa, il tuo interlocutore metterà tra te e lui una **barriera**: può trattarsi di una **borsa**, di un giornale o delle **braccia incrociate**.

Se pensa che stai invadendo eccessivamente il suo spazio, proverà ad **indietreggiare istintivamente** per ristabilire la distanza. Mai sottovalutare questo segnale: provare ad **insistere** in questo caso potrebbe addirittura **intimorire** l'altra persona o irritarla, **rendendola** addirittura **aggressiva**.

Poi **orienterà** il suo **corpo** in un'**altra direzione**, tramite la posizione di torso, gambe e testa. **Muoverà** nervosamente almeno un **piede** indicando con esso la **via di fuga** più vicina.

La prossemica rivela molto dell'**indole** umana: conoscerla può spiegare alcuni comportamenti all'apparenza **atipici**, come l'improvviso **nervosismo** che ci assale quando ci troviamo in mezzo alla **folla**, oppure il **fastidio** che proviamo quando **qualcuno** ci **urta inavvertitamente**.

Pensa che, grazie alla conoscenza della prossemica, è possibile ottimizzare anche la **gestione** degli **spazi pubblici**: questo è il motivo per cui in una sala d'aspetto trovi i **posti** a sedere **non** troppo **ravvicinati**, oppure ti senti a tuo agio in un bar o in un ristorante che ha i tavolini e le sedie ad una distanza di almeno un metro gli uni dagli altri. Quando si è seduti ad un tavolino in un bar, inoltre, inconsciamente consideriamo "nostra" la metà del tavolino, la quale **delimita** in questo caso il **nostro spazio** personale, e potremmo cercare di **delimitarla** con degli **oggetti**.

Ricapitolando: la **prossemica** del corpo umano è un **elemento imprescindibile della comunicazione non** verbale. Come tutti gli altri aspetti va **contestualizzato**, ed è un ottimo **strumento** per **conoscere** meglio le **persone**.

CONCLUSIONI

Siamo giunti alla fine di questo breve ed **intenso viaggio** alla scoperta dei **segreti** della **comunicazione non verbale**. Come ogni altra **lingua** che si rispetti, per essere correttamente **assimilata** ha bisogno di un costante e **continuo esercizio**. Di sicuro ora saprai **osservare** chi ti sta intorno con maggiore **attenzione** e non ti stupirai più davanti ad un singolo **comportamento**.

Spero che col tempo questo libro possa **servirti** a capire meglio te stesso o te stessa, perché **tu sei la prima persona da osservare**. C'è un ultimo ma fondamentale aspetto che è doveroso **chiarire**.

Abbiamo spesso detto che il linguaggio del corpo serve a **comprendere** meglio gli **altri** e **sé stessi**. Questo perché saper leggere la comunicazione non verbale può **evitare** di trovarsi in **situazioni spiacevoli** o **arrecare fastidio** agli **altri**. Abbiamo anche evidenziato come è corretto comportarsi sul **luogo di lavoro**, ma tutto ciò va fatto seguendo sempre e solo la propria **indole**. Se sei una persona flemmatica per natura, ostentare un carattere vivace per restituire un'**impressione** artefatta può **stressarti**, stancarti, e farti sembrare una **persona finta**. Pertanto, **utilizza** questo importante **strumento**, sul quale con questo manuale abbiamo dato una sintesi completa, con il solo scopo di **migliorarti** ed **avvicinarti alle persone**.

DISCLAIMER

Tutti i marchi registrati e loghi citati in questo libro appartengono ai legittimi proprietari.

L'autore non pretende né dichiara alcun diritto su questi marchi, citati solo a scopo didattico.

Sebbene i contenuti di questo libro vengano periodicamente aggiornati e modificati, l'autore non può escludere che al loro interno vi possano essere errori e/o omissioni che in qualche modo mettano in dubbio la correttezza delle notizie fornite.

L'autore in questo caso non si ritiene in alcun modo responsabile di eventuali danni conseguiti a quanto pubblicato. Anche l'elaborazione dei testi, seppure curata con scrupolosa attenzione, non può comportare specifiche responsabilità per involontari errori o inesattezze.

NOTE